Inhalt

Der Wert von Wissen und wie man ihn messen kann

Kernthesen

Beitrag

Fallbeispiele

Weiterführende Literatur

Impressum

Der Wert von Wissen und wie man ihn messen kann

M. Westphal

Kernthesen

- Die Bedeutung von Wissen in Unternehmen nimmt kontinuierlich zu und damit auch die Problemstellung, wie man das Wissenskapital messen kann.
- Es gibt verschiedene Methoden, wie man das im Unternehmen gebundene Wissen messen kann. Die einzelnen Verfahren unterscheiden sich im Ansatz teilweise sehr deutlich, insbesondere aber in der Art der immanenten Probleme.
- Ein Faktor, der wesentlich dazu beiträgt, zufrieden stellende Datenqualität und

ausreichende Verbreitung des Human Resource Accounting zu gewährleisten, wird der zugehörige Akzeptanzaufbau sein.

Beitrag

Die Bedeutung von Wissen für Unternehmen

Zu den elementaren Erfolgsfaktoren für ein Unternehmen zählen das unternehmenseigene Wissen und ein erfolgreiches Wissensmanagement. Dieses Wissen liegt aber meistens in den Köpfen der eigenen Mitarbeiter und schlummert dort. Management, aber auch Betriebsräte sind die wichtigsten Vermittler und Katalysatoren für das individuelle und unternehmensweite Wissen.

Zwar ist der Begriff "Wissensmangement" in aller Munde, trotzdem ist das Wissen immer noch einer der unterentwickeltsten Produktionsfaktoren in Unternehmen. Probleme bestehen insbesondere im eigentlichen Finden, Strukturieren und Verarbeiten von Wissen, als auch in der Sicherstellung der notwendigen Nachhaltigkeit.

Wissen als solches ist ein hochwertiges Gut, allerdings reicht es nicht aus, einfach nur eine Idee zu haben und diese gleich als Wissen zu präsentieren. Ideen hat jeder von uns täglich, einige davon sind gut, andere weniger gut. Erst die Beurteilung einer Idee - basierend auf unseren Erfahrungen und daraus resultierenden Meinungen - lässt konkrete Ansätze entstehen, die in Kombination mit Methodik für andere nachvollziehbar, kommunizierbar und überprüfbar wird.

Der Wechsel in den Anforderungen, die ein Unternehmen an Mitarbeiter stellt, ist auch historisch sichtbar: In den Zeiten der Hochkonjunktur der Fließbandarbeit wurde der so genannte Humanfaktor noch als pure Arbeitskraft in Maßeinheiten wie Produktionsmenge, Zeit und Kosten gemessen. In der heutigen Gesellschaft, die eine sehr starke Ausprägung des Dienstleistungssektors aufzeigt, gelten nicht nur auf der Führungsebene Faktoren wie Kreativität und Kommunikation, als wesentliche Anforderungsmerkmale an die Mitarbeiter.

Wissen als Kernkompetenz

Für ein Unternehmen bedeutet die Identifizierung, der Erwerb und die Umsetzung von Wissen eine

Kernkompetenz. Eine derartige Fähigkeit ermöglicht den Erwerb von Wettbewerbsvorteilen gegenüber der Konkurrenz und damit die Stärkung der Marktposition. Die Ressource Wissen muss effizient gemanaged werden, um einen kritischen Erfolgsfaktor zu generieren. Die Überlebensfähigkeit von Unternehmen wird gerade in der heutigen Konjunktur, in der viele Anbieter um wenig Nachfrage kämpfen, davon bestimmt, wie schnell Wissen identifiziert und umgesetzt wird.

Firmeninterner Wissensmarkt

In firmeninternen Märkten droht für den Wissensmarkt ein Marktversagen. Die Hauptursache hierfür ist die Natur der auf den Wissensmärkten gehandelten Güter; es sind Wissensgüter. Kennzeichen von Wissensgütern ist, dass sie weiche, intangible Güter sind. Daher besteht für einen potenziellen Nachfrager immer die Unsicherheit über die Qualität des Gutes und über den Nutzen des Wissens. Allerdings tritt dieses Problem auch bei traditionellen materiellen Gütern auf. (1)

Ein firmeninterner Markt ist der Unternehmensführung nicht bekannt, wie der offizielle, auf dem das Unternehmen tätig ist. Er kann daher auch nicht so einfach beeinflusst werden, da er eher einem Schwarzmarkt ähnelt. (1)

Eine Möglichkeit, einen Wissensmarkt in einem Unternehmen effizient zu etablieren, stellt ein so genannter "gefilterter Markt" dar. In einem gefilterten Markt ist sowohl in den Angebots- als auch den Nachfrageprozess ein Filter in Form eines Intermediärs eingebaut. Dieser ist zum einen dafür verantwortlich, dass bei der Erstellung des Angebotes für ein Wissensprodukt ein Mindestmaß an Qualität sichergestellt wird. Im Nachfrageprozess wirkt er an der Generierung der Zahlungsbereitschaft mit. Gerade dieses Regulativ im Nachfrageprozess ist notwendig, da Wissensprodukte der Mitarbeiter mit Finanzmitteln des Unternehmens bezahlt werden. Somit muss der Intermediär als Mittler intern abklären, inwieweit das angebotene Wissensprodukt für das Unternehmen tatsächlich nützlich sein könnte und welchen Preis man hierfür zu zahlen bereit wäre. (1)

In einem externen Markt besteht eine wesentliche Funktion in der objektivierten Preisfindung. Dagegen spielt der Preis auf firmeninternen Wissensmärkten eine eher untergeordnete Rolle. Die entscheidende Aufgabe des internen Marktes ist nicht die Sicherstellung der Markteffizienz, sondern eines Matchings von Angebot und Nachfrage. Ein Markt, auf dem man mit seinem Wissen zusätzliches Geld verdienen kann, setzt genügend Anreize, das persönliche Wissen anzubieten. (1)

Durch den Einsatz moderner Informations- und Kommunikationstools können diese Wissensmärkte nicht nur intraorganisational, sondern eben auch interorgansiational organisiert werden. Hierfür bieten sich z. B. elektronische Marktplätze, als Shop oder auch als Auktion betrieben, an.
Wesentlich für die Stabilität einer Marktplattform ist die Garantie der Rechtssicherheit für die Teilnehmer. Im Bereich des Handels zwischen Organisationen wird diese Sicherheit durch das Wirtschafts- bzw. Rechtssystem der Gesellschaft erfüllt. Zur Funktionsfähigkeit von internen, gefilterten Märkten ist aber eine interne Kontrollinstanz zu schaffen. Diese sollte so lange nicht in das Geschehen eingreifen, wie die geltenden Spielregeln nicht verletzt werden; im Falle einer Verletzung muss diese Instanz aber allein durch ihre Autorität mäßigend auf die Marktteilnehmer einwirken. (1)

Wissensmärkte werden die Grenzen der Organisation überwinden. Externe und firmeninterne Märkte werden überall dort zusammenwachsen, wo internes Angebot mit externem Angebot konkurriert oder auch extern vermarktet werden kann, ohne dass entscheidendes intellektuelles Kapital veräußert wird. (1)

Humankapital

Die Mitarbeiter eines Unternehmens werden gerade durch ihr Wissen um interne Abläufe und den Markt, verbunden mit Kreativität und Kommunikation zu einem enorm wichtigen und entscheidenden Produktions- und Erfolgsfaktor.

Der akzeptierte steigende Wert der Mitarbeiter mit ihren Kenntnissen und Fähigkeiten als wesentlicher Erfolgsfaktor für ein Unternehmen spiegelt sich auch in Forderungen einer rechnerischen Abbildung dieses Wertes in der Unternehmensbewertung aber auch externen Rechnungslegung wider. Im anglo-amerikanischen wie auch im skandinavischen Raum ist daher in der Diskussion wieder das so genannte Konzept des Human Resource Accounting (HRA) aufgenommen und methodisch weiter entwickelt worden. (2)

Der Begriff Humankapital, für den in der Literatur auch Synonyme wie Humanvermögen, Human Resources und Human Assets, sowie angrenzende Begriffe wie Wissenskapital, intellektuelles Kapital und Intangibles, oder auch Strukturkapital, verwendet werden, ist nicht eindeutig definiert.

Allgemein werden darunter alle Kenntnisse und Fähigkeiten verstanden, die einer bestimmten Gruppe von Personen oder einer einzelnen Person zugerechnet werden und die einen ökonomischen Wert haben. In der Ökonomie lassen sich erste Ansätze zu einem Human Ressource Accounting bereits in der Nationalökonomie des 17. Jahrhunderts erkennen. Damals lag der Zweck derartiger Berechnungen insbesondere in der monetären Erfassung des Verlustes, den eine Volkswirtschaft durch Abwanderungen oder aber Kriege in ihrem Humankapital erleidet. (2)

Von Bedeutung ist es aber auch im Zuge von Unternehmensübernahmen, bei denen vor allem bei Unternehmen der Dienstleistungsbranche ein hoher Anteil des Kaufpreises durch den Goodwill beeinflusst wird, welcher zum großen Teil das Resultat der fachlichen Kompetenz, der Leistungsfähigkeit, Erfahrung und Kreativität der Mitarbeiter und damit ihres Wissens ist.

Wie kann ich das "Wissenskapital" messen?

Probleme, insbesondere für das Controlling, ergeben sich in der Datenbeschaffung und -verarbeitung sowie der Komplexität der Verfahren, weshalb nur wenige Spezialisten in der Lage waren, derartige Accounting-Systeme hinlänglich aufzubauen.

Ausgangspunkt für eine deutlich stärkere Fokussierung auf das Thema Human Resource Accounting, zumindest in amerikanischen Unternehmen, wurde durch den zunehmenden Konkurrenzdruck gegenüber japanischen Großunternehmen aufgebaut, einhergehend mit der Erkenntnis, dass die Produktivitätsvorsprünge der japanischen Unternehmen mit deren konsequenter Sicherung des Humankapitals erklärt wurden, dem die amerikanische "hire and fire"-Philosophie entgegenlief. Die Notwendigkeit, die versteckten Werte der Unternehmen auszuweisen, wurde aber erst ausgelöst durch die Effekte des an Bedeutung zunehmenden Dienstleistungssektors und der New Economy in den 90er Jahren, da die Lücke zwischen Markt- und Buchwerten vieler Unternehmen eklatant anwuchs. (2)

Bewertungsmethoden

Es gibt mehrere Methoden, das Humankaital zu bewerten. Klassifizieren lassen sich diese Methoden in Verfahren, die monetäre Informationen zum Wert des Humanvermögens erbringen, sowie in Verfahren, die die Humanressourcen mit nicht-monetären Größen beschreiben. Während die Aussagen monetärer Ergebnisse einfach gedeutet werden können, kann die weiterführende Interpretation nicht-monetärer Ergebnisse mit Problemen behaftet sein, da man sich u. a. mit den verwendeten Skalen beschäftigen muss.

Die monetären Verfahren wiederum teilen sich auf in "kosten"-basierte und wertorientierte Verfahren. Während die kostenbasierten Verfahren Größen wie Kosten, Aufwand, Ausgaben oder Auszahlungen, bezogen auf den Bereich des Humankapitals betrachten, orientieren sich die wertorientierten Verfahren an dem Nutzen, der vom Humankapital ausgeht, d. h. an den bewerteten Leistungsbeiträgen. (2)

Controlling, Rechnungswesen und auch der Personalbereich stehen somit zunächst einmal vor dem Problem der Auswahl der richtigen Methode. Es ist bei der Auswahl wichtig, den Rechungszweck, der mit der Bewertung des Humanvermögens verfolgt wird, genau zu definieren. Ist z. B. das Humankapital regelmäßig zu messen, oder soll es nur für einen bestimmten Zweck wie z. B. eine Akquisition oder Fusion ermittelt werden. Darüber hinaus ist zu definieren, ob das Human Resource Accounting nur für Zwecke des internen Rechnungswesens erhoben werden soll, oder ob die Ergebnisse auch für das externe Rechnungswesen generiert werden sollen.

Für externe Zwecke scheinen auf jeden Fall die kostenbasierten Verfahren geeigneter. Sie bewerten die Investition in das Humanvermögen ähnlich wie diejenigen in bilanzielles Sach- und Finanzvermögen, dürften daher bei den externen Adressaten auch auf höhere Akzeptanz stoßen.
Im Gegensatz dazu können die wertbasierten Verfahren viele entscheidungsrelevante Informationen für das Management liefern und bieten sich damit als eine Komponente des internen Rechnungswesens eher an, als kostenbasierte Verfahren.

Dagegen ist aber auch zu berücksichtigen, dass die Einführung eines kostenbasierten Verfahrens deutlich geringeren Aufwand erzeugt und daher für laufende Rechnungen geeigneter ist, als die sehr aufwändigen wertbasierten Verfahren, die sich wohl am ehesten vom Aufwand her bei der Durchführung eines speziellen Anlasses wie einer Firmenübernahme rechtfertigen ließen. (2)

Akzeptanzprobleme

Aus zwei Richtungen sind Akzeptanzpobleme zu befürchten. Die Bewertung von Humanressourcen wirft einige Fragen moralischen Charakters auf, bis hin zu Befürchtungen, Menschen dürften nicht wie Maschinen behandelt und rechnerisch erfasst werden.

Letztlich müssen alle Stakeholder eines Unternehmens vom Human Resource Accounting überzeugt werden, um nicht die Befürchtung vom "gläsernen Mitarbeiter" zu schüren, sondern alle Beteiligten von den positiven Effekten zu überzeugen. Aber ebenso müssen speziell diejenigen, die für die Generierung der zu verarbeitenden Daten verantwortlich sind, von der Vorteilhaftigkeit des Human Resource Accounting überzeugt werden. Die Probleme im Zusammenhang mit der Beschaffung und Verarbeitung der umfangreichen Datenmengen dürften zwischenzeitlich durch die Weiterentwicklung der Informationstechnologie entschärft worden sein.

Das wesentliche Problem besteht in der Bereitstellung einer ausreichenden Datenqualität, die selbstverständlich auch von dem gewählten "Accountingverfahren" abhängt. Wie kann man diejenigen Organisationsmitglieder, die die Daten für das Accounting liefern sollen, zur tatsächlichen und wahrheitsgemäßen Herausgabe ihrer Informationen bewegen? (2)

Ausblick

Die Einführung eines Human Resource Accountings bietet für ein Unternehmen beträchtliche Potenziale, im Hinblick auf die Lieferung von relevanten Informationen für die Bewertung betrieblichen Wissens/Wissensmärkte, oder auch (Des-) Investitionsentscheidungen, seien es Managemententscheidungen im Personalbereich oder aber Akquisitions-/Beteiligungsentscheidungen von Investoren. Die diesen Potenzialen gegenüberstehenden Schwierigkeiten bewegen sich einerseits auf methodisch-technischer Ebene und andererseits sind es Akzeptanzprobleme durch die Organisationsmitglieder.

In der (ferneren) Zukunft dürfte es auch Analysen im Hinblick auf das "Beziehungsvermögen" geben, welche ebenfalls wichtige Entscheidungsgrundlagen liefern könnten. Die Ermittlung des Humanvermögens war bislang weitestgehend auf das betriebliche Personal beschränkt. Die in der heutigen hoch-integrierten Arbeitswelt engen netzwerkartigen Kooperationen von Unternehmen mit Unternehmen und Freelancern, die an der eigenen

Leistungserstellung beteiligt sind, müssten separat betrachtet werden. (2)

Fallbeispiele

Kostenorientierte Ansätze zum Human Resource Accounting (Original Costs)

Als ein Beispiel für kostenorientierte Ansätze ist das Verfahren der Historischen Anschaffungskosten (Original Costs) zu nennen, bei dem die tatsächlichen, zum Bezugspunkt für die Humanressourcen angefallenen Kosten den Ausgangspunkt der Berechnung bilden. Es müssen vom Controlling alle einschlägigen Kosten von den Bereichen Recruitment (z. B. Stellenanzeigen), Weiterbildungsaktivitäten bis hin zu Produktivitätsverringerungen während der Trainigsphasen differenziert erfasst und bewertet werden. Es zeigt sich, dass nicht nur direkte anfallende Kosten, sondern auch indirekte Kosten Berücksichtigung finden werden.

Die Summe aller Kosten über die Gesamtheit der Mitarbeiter gibt dann den Wert des Humankapitals an. Dieser Ansatz beruht im Wesentlichen auf der Auffassung, dass im Personalbereich anfallende Kosten als Investition in einen Vermögenswert verstanden werden.

Das Controlling liefert somit den Entscheidungsträgern für Investitionsentscheidungen in Humankapital neben der reinen Bewertung des Humankapitals auch differenzierte Informationen darüber, was z. B. die Kosten für die Akquise von Personal unterschiedlicher Hierarchieebenen üblicherweise kostet. Darüber hinaus geben diese Informationen eine wichtige Hilfe bei Entscheidungen über den Kauf von Unternehmen oder die Fusion mit anderen Organisationen.

Wertorientierte Ansätze zum Human Ressource Accounting (Stochastic Rewards Valuation

Model)

Schon der kostenbasierte Ansatz des Human Resource Accounting bietet eine große Anzahl unterschiedlicher Verfahren. Dieses wird aber durch die noch umfangreicheren Auswahlmöglichkeiten bei den wertorientierten Ansätzen übertroffen. Ausgangspunkt für die wertorientierten Verfahren ist, dass die "humanen" Vermögenswerte nicht alleine mit den damit verbundenen Kosten abgebildet werden können, sondern dass insbesondere die erwarteten Nutzenbeiträge für den Wert des Humanvermögens ausschlaggebend sind.

Als Beispiel für ein wertorientiertes Verfahren möge ein Kurzüberblick über das Verfahren der "zukünftigen Leistungsbeiträge mit Hierarchieebenen" (Stochastic Rewards Valuation Model) dienen. Dieses Modell bedient sich zur Bewertung eines fünfstufigen Prozesses:

1. Es werden alle Mitarbeiterpotenziale bzgl. möglicher von ihnen in der Zukunft zu besetzender Hierarchieebenen festgestellt.

2. Es wird ermittelt, welche Leistungsbeiträge jeder Mitarbeiter bei seinen Tätigkeiten/Dienstleistungen

auf den einzelnen Hierarchieebenen für die Gesamtleistung des Unternehmens potenziell erbringen kann.

3. Die Verweildauern der Mitarbeiter auf allen ihren individuell ermittelten zukünftigen Hierarchieebenen werden geschätzt.

4. Die unterschiedlichen Karrierewege, sowie die Verweildauern der Mitarbeiter auf unterschiedlichen Hierarchieebenen werden mit Wahrscheinlichkeiten belegt.

5. Die Einzelwerte werden abschließend summiert und bilden den individuellen Wert eines Mitarbeiters für das Unternehmen.

Das Problem dieses Ansatzes ist recht eindeutig. Um eine Wertermittlung vornehmen zu können, müssen sehr viele Daten erhoben werden, die zum größten Teil nur vage prognostiziert werden können. Sofern für die jeweiligen Dienstleistungen Marktpreise vorliegen, die zur Wertermittlung herangezogen werden mögen, kann hierfür eine ausreichende Prognosequalität garantiert werden. Allerdings dürfte die Prognose kompletter Karrierewege mit erheblichen Problemen behaftet sein. Dieses Verfahren ist zwar prototypisch schon zum Einsatz gekommen, eine große Verbreitung scheint aufgrund des aktuellen Entwicklungsstandes aber unwahrscheinlich. (2)

Die Bewertung technologieorientierter Unternehmen ist zu einem wesentlichen Anteil auch durch die Bewertung immaterieller Werte bestimmt. Das Management und die Mitarbeiter sind aufgrund des signifikanten Technologiefokus´ in besonderem Maße Wissensträger. Der Betrieb einer technologischen Plattform setzt fachkundige Mitarbeiter voraus, die das System im Detail kennen und den Innovationsprozess aktiv unterstützen.

So ist zum einen die Mitarbeiterkontinuität zu berücksichtigen, mitsamt den unterstützenden Konzepten, wie Beteiligungspläne für die Mitarbeiter, aber auch die Unternehmenskultur spielt eine große Rolle. Besondere Beachtung ist den Immaterialgüterrechten wie Businesskonzepten, Patenten, Lizenzen, die das Herzstück für technologieorientierte Unternehmen bilden, zu schenken.

Ebenso müssen bei einer Unternehmensveräußerung Human-Resources-Aspekte wie Teamstruktur, Know-how-Sicherung sowie Motivation der Mitarbeiter berücksichtigt und gemessen werden. Daraus resultieren dann auch Erkenntnisse bzgl. der zukünftigen Mitarbeiterstruktur eines z. B.

fusionierten Unternehmens. (3)

Fachliches Wissen von Führungskräften

Die Bedeutung von Fachwissen bei Führungskräften hat in den letzten Jahren stark zugenommen. Ausschlaggebend hierfür ist der steigende Wettbewerbsdruck, der eine solide und umfassende Mitarbeiterführung verlangt. Dabei ist es eine Grundvoraussetzung, das Potenzial der Mitarbeiter richtig einschätzen zu können. (4)

Weiterführende Literatur

(1) Die Organisation von Unternehmen im Informationszeitalter
aus Frankfurter Allgemeine Zeitung, 06.01.2003, Nr. 4, S. 20

(2) Gebauer, Michael / Wall, Friederike, Human Resource Accounting zur Unterstützung der Unternehmensrechnung, Eine Übersicht über

Entwicklungsstand, methodische Möglichkeiten und potenzielle Fallstricke, Controlling, Heft 12/2002, S.685-690
aus Frankfurter Allgemeine Zeitung, 06.01.2003, Nr. 4, S. 20

(3) Der Verkauf technologieorientierter Unternehmungen
aus Der Schweizer Treuhänder, Heft 12/2002, S. 1117-1122

(4) Den Managern wird immer mehr abverlangt
aus Lebensmittel Zeitung 52 vom 27.12.2002 Seite 023

Impressum

Der Wert von Wissen und wie man ihn messen kann

Bibliografische Information der deutschen Nationalbibliothek

Die Deutsche Nationalbibliothek verzeichnet diese Publikation in der deutschen Nationalbibliografie; detaillierte bibliografische Daten sind im Internet über http://dnb.d-nb.de abrufbar.

ISBN: 978-3-7379-0132-1

© 2015 GBI-Genios Deutsche Wirtschaftsdatenbank GmbH, Freischützstraße 96, 81927 München, www.genios.de

Alle Rechte vorbehalten. Dieses Werk ist einschließlich aller seiner Teile – z.B. Texte, Tabellen und Grafiken - urheberrechtlich geschützt. Jede Verwertung außerhalb der Grenzen des Urheberrechtsgesetzes bedarf der vorherigen Zustimmung des Verlags. Dies gilt insbesondere auch für auszugsweise Nachdrucke, fotomechanische Vervielfältigungen (Fotokopie/Mikroskopie), Übersetzungen, Auswertungen durch Datenbanken oder ähnliche Einrichtungen und die Einspeicherung und Verarbeitung in elektronischen Systemen.